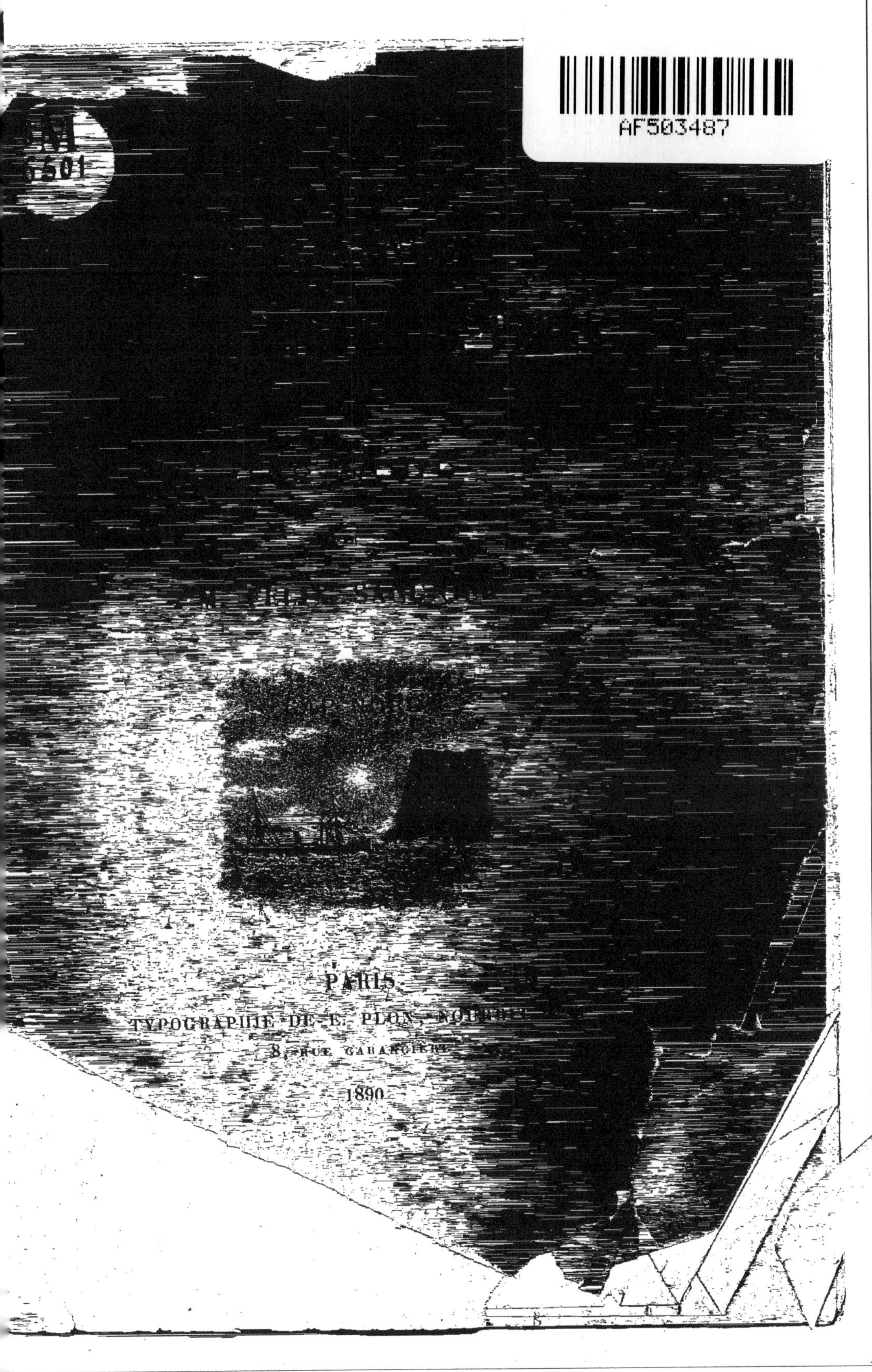

PARIS
TYPOGRAPHIE DE E. PLON, NOURRIT
8, RUE GARANCIÈRE
1890

EN VACANCES

A MILLE LIEUES DE PARIS

CAP NORD

EN VACANCES
A MILLE LIEUES DE PARIS

CAP NORD

PAR

M. FÉLIX SANGNIER

PARIS

TYPOGRAPHIE DE E. PLON, NOURRIT ET Cie

8, RUE GARANCIÈRE

1890

EN VACANCES

A MILLE LIEUES DE PARIS

CAP NORD

Marquis de Jouffroy, Fulton, et vous Stephenson, qu'avez-vous fait en découvrant la vapeur et en inventant les chaudières et les locomotives? Vous ne vous en êtes assurément pas doutés. Vous avez bien entrevu les effets physiques et matériels d'une nouvelle force ; vous n'avez certes pas compris que l'usage de cette force devait amener dans l'esprit et les mœurs des hommes de très grandes perturbations. Vous n'avez pas prévu les conséquences morales de vos découvertes. Votre inconscience est votre seule excuse devant la postérité. Ah! Stephenson, que tu es un grand criminel! Grâce à toi, les distances ont diminué et les voyages peuvent se faire à peu de frais. La curiosité, péché mignon de l'humanité, aidant, chacun veut savoir ce qu'il y a au delà de son horizon. Non content de lire les faiseurs de récits, il veut vérifier par lui-même la véracité de leurs écrits ; le cercle

dans lequel il se meut lui paraît trop étroit, et le voilà
parti. Il quitte le foyer de ses pères et son pays, qu'il est
fatigué de voir; une fois lancé, il ne peut plus s'arrêter.
Les difficultés, les obstacles, les fatigues que ses pères
avaient à supporter pour aller du fond de leurs provinces
même à quelques lieues de chez eux, sont supprimées.
Ce sont des sujets de fables, devenues homériques tant
elles paraissent vieilles. Les fils, plus heureux... le
sont-ils vraiment?... n'ont qu'à se placer bien à leur
aise dans un bon fauteuil roulant et à fermer les yeux
pour dormir; à leur réveil, ils sont arrivés à destination,
quelque loin qu'ils aient voulu aller. Ils trouvent la chose
merveilleuse et renouvellent souvent l'expérience. Leurs
frères les imitent. Les gens occupés, les désœuvrés, les
riches, les pauvres, tout le monde se met en branle. On
peut dire aujourd'hui que l'humanité est divisée en deux
parties : la première comprend ceux qui se mettent dans
les fauteuils; la deuxième, ceux qui les font marcher. Il
est vrai que ces derniers voyagent aussi; on n'a pas à
craindre de grèves..... Le déplacement est la caractéris-
tique de la fin de ce siècle. On ne rentre dans son chez
soi que pour se procurer encore le plaisir de le quitter.
Ceux qui sont dans le mouvement appellent cela le pro-
grès. Je ne pense pas que la sage philosophie soit de leur
avis.

Il n'y aura bientôt plus un coin de la terre où le tou-
riste enragé ne trouve un bureau Cook pour lui donner
aide et protection. Que faudra-t-il faire dans quelques
années pour contenter nos petits-neveux et satisfaire à

leur goût de l'inconnu? Je ne désespère pas de voir s'établir sur les boulevards des agences d'excursion dans la lune. Ce sera le triomphe des ballons dirigeables. Ah! mes neveux, je vous souhaite beaucoup de plaisir.

Ce mauvais début n'a qu'une raison d'être, le désir de vous expliquer pour quelles causes la Suisse, vue et revue par tout le monde, commence à être abandonnée par les excursionnistes. Ils vont plus loin, en *Suède*, en *Norvège*, et même au *Cap Nord*, pour chercher des spectacles plus beaux, agrémentés d'émotions plus violentes. La mer Glaciale arctique n'est pas toujours clémente pour les passagers. Ils le savent, mais la gloire de naviguer au delà du cercle les met en belle humeur pour tout braver et venir ensuite crier à leurs amis : » Je viens du pays où l'on voit le soleil à minuit, et demain, j'irai au pôle Nord; je n'en étais pas loin. »

Ils n'ont pas tort de tenter cette aventure.

Il faut, pour aller au *Cap Nord*, supporter de grandes fatigues, de nombreuses privations, et même s'exposer à de réels dangers; mais ceux qui ont la bonne fortune d'atteindre le but sont largement récompensés de toutes les épreuves subies. Le spectacle est beau; les choses nouvelles qu'on voit sont vraiment merveilleuses, et le désir vous prend, quand on se trouve au milieu de cet inattendu, d'y revenir pour le mieux goûter, pour en jouir plus complètement. Il semble qu'en voyant cette nature grandiose et inconnue, on comprend mieux la majesté du Dieu qui l'a créée.

Aller au *Cap Nord* n'est pas une petite affaire. Il faut,

avant d'aborder ces contrées vraiment intéressantes par leur nouveauté, traverser la Belgique, la Westphalie, le Danemark et arriver à Copenhague. Le trajet est long, fatigant et ennuyeux. Le pays est plat. A droite et à gauche, on ne voit que des plaines, des champs plus ou moins bien cultivés, et quelques arbres. Hambourg et ses environs font seuls exception et rompent heureusement la monotonie de ces pays vulgaires. La ville est jolie, coquette, gracieuse. Des villas nombreuses entourent l'Alster, grand bassin, presque un port, placé au centre de la ville. Leurs parcs et leurs jardins sont pleins des fleurs et des arbres les plus rares. L'œil en est tout réjoui et l'esprit tout ragaillardi. Après Paris, Hambourg est la plus agréable des villes du continent; elle l'emporte même sur Vienne, qui est comme une réduction Collas de Paris, la véritable capitale du monde.

Ce souvenir donné à ma préférée, courons vite à Copenhague, pour traverser ensuite le Sund, débarquer à Malmö, en Suède, et nous hâter d'arriver à Stockholm. Là, il nous faudra prendre le chemin de fer pour aller à Trondhjem, port de mer situé au nord de la Norvège. C'est dans cette ville qu'il faut s'embarquer quand on veut aller au *Cap Nord*. Les steamers sont comme les chemins de fer; ils partent au jour dit, à heure fixe, et n'attendent pas.

De Copenhague au port de Malmö, en Suède, la traversée du Sund se fait en une heure et un quart. Elle est à peu près de même durée que celle de la Manche pour aller de Calais à Douvres. On rencontre sur son chemin

la petite île de Saltholm ; grâce à elle, on ne perd la côte
de vue que pendant de courts instants. La mer est souvent houleuse, et l'on est toujours heureux d'arriver au
port.

Malmö est une ville secondaire ; son port seul lui donne
quelque importance. Il est un de ceux qui mettent la
Suède en rapport avec l'Europe. Son chemin de fer, qui
va directement à Stockholm, en fait ce qu'en France nous
appelons une tête de ligne. La ville est petite, peu intéressante. Il n'y a pas de buffet à la gare, et avant d'aller
prendre le train, il faut se rendre à l'hôtel pour déjeuner.
C'est pour le voyageur l'occasion d'éprouver une première
surprise.

En Suède et en Norvège, on ne prend pas ses repas
comme dans les autres pays. Dans la salle à manger, on
place sur une grande table toutes sortes de hors-d'œuvre :
radis, saucissons, beurre, anchois, poissons salés,
légumes, viandes froides ; une petite fontaine est au
milieu de ces plats et contient une certaine eau-de-vie
blanche très renommée. Chaque voyageur, en entrant,
a le droit de prendre de tous ces mets ce qu'il veut et
autant qu'il en veut. Il se sert lui-même dans des assiettes
déposées d'avance sur la table, et il mange debout.
L'usage est de se mettre en appétit en prenant ces apé-
ritifs. Ceci fait, on va s'asseoir à une table régulièrement
servie et l'on fait un repas sérieux. La cuisine suédoise
est peut-être bonne : les indigènes la goûtent probablement beaucoup ; mais les estomacs étrangers ont un
apprentissage à faire, et l'apprentissage est dur. Il est

d'autant plus dur, que plus on monte dans le nord, plus on s'éloigne des deux ou trois grandes villes connues, plus la nourriture devient indigène et indigeste. On ne trouve alors dans les salles de restauration que les mets qu'on prend debout. Ils ne restaurent pas. Le voyageur amoureux de ses aises doit emporter des provisions. Il est vrai qu'elles courent le risque de se corrompre, les distances à parcourir sont si longues !

Le train part de Malmö pour Stockholm à 3 heures 40 ; on n'a que juste le temps de déjeuner ; il faut cependant le faire aussi confortablement que possible ; l'express met 15 heures pour aller à Stockholm.

Le pays que traverse le chemin de fer est plat. On rencontre quelques lacs, et l'on traverse quelques forêts de pins. La route n'est pas très intéressante. A Bashult, village peu éloigné de la station de Elnshut, les habitants ont récemment élevé un monument à la mémoire du grand naturaliste *Linné*, leur compatriote. C'est un petit obélisque en granit ; une inscription rappelle la date de la naissance du grand homme. Le pays, fier d'avoir donné le jour au savant, a placé cette pierre tombale dans un petit bois, sur le bord de la ligne du chemin de fer. Il a voulu, sans doute, que chacun en passant pût lui donner un souvenir et lui adresser un salut.

Le trajet se fait en partie pendant la nuit, et l'on se réveille avec plaisir le matin dans les environs de Stockholm, pour apercevoir les bords du magnifique lac Mælar. On les côtoie longtemps avant d'arriver dans la grande capitale suédoise. Ce lac s'avance profondément dans les terres; il est coupé de nombreuses îles. Dans son aspect général, il rappelle beaucoup les beaux lacs de l'Écosse. Les arbres des bois qui bordent ses rives sont cependant plus grands.

Stockholm est une très belle ville. Elle est à cheval sur le lac Mælar et sur le Saltsjon. Cette position lui permet d'avoir un des plus beaux ports du monde. Une partie de la ville est bâtie en amphithéâtre sur des collines élevées; l'autre partie est construite au pied même de ces collines, sur les îles nombreuses qui sont dans le fjord, et entre lesquelles circulent un grand nombre de petits et grands bateaux à vapeur. On se croirait à Venise. Auprès de l'un des principaux ponts est le Stromparterren, petite île dont on a fait un beau jardin. Le voyageur étonné peut croire qu'on y a transporté l'île de Rousseau qui est à Genève. L'illusion est pour lui complète.

La ville n'a pas de beaux monuments. Il n'y a d'intéressant à visiter que les quais, l'église de Riddarholm, et le fameux ascenseur. Il relie les hauteurs de la ville avec les parties basses et les nombreux quais.

L'église est une espèce de Panthéon qui renferme les tombeaux des rois, ceux des reines et de nombreux *ex-voto*, pour tous les souverains étrangers, parents ou alliés de la famille royale. Une plaque de marbre noir rappelle les dates de la naissance et de la mort de Napoléon III.

Le musée du Nord est tout moderne; il date, je crois, de 1873. On y voit les costumes, les mobiliers et les armes des différentes provinces du royaume. Cependant, on voit encore dans les rues de Stockholm quelques Suédois et Suédoises revêtus des anciens costumes. Ce sont surtout des habitants de la Dalécarlie venus dans la capitale pour se placer comme domestiques ou y travailler de leurs métiers. Ils ont la réputation d'être très honnêtes et très travailleurs.

N'oublions pas que nous devons aller au *Cap Nord* et, sans nous attarder plus longtemps, prenons vite le chemin de fer qui doit nous conduire à Trondhjem, située au nord de la Norvège, à 854 kilomètres de Stockholm. Le trajet se fait par train-omnibus en soixante heures, et par train-express en trente-quatre ou trente-six heures.

Quelque temps après avoir quitté Stockholm, on se trouve au milieu d'immenses forêts de pins; on côtoie de nombreux lacs, et l'on aperçoit la neige sur les montagnes dans le lointain. Les habitations sont rares; on n'en voit guère qu'aux stations. Elles sont en bois et peintes presque toutes en rouge vif. A partir de Arc, première station après Undersaker, on voit quelques costumes. Le paysage est certainement beau, surtout au commencement du voyage; malgré la nouveauté du spectacle, cette longue et fatigante traversée du pays en chemin de fer est très monotone.

La fatigue est augmentée par la grande difficulté qu'on trouve à se procurer une nourriture possible. Les salles de restauration sont rares et mal approvisionnées de mets qui puissent convenir à des estomacs étrangers. C'est avec une grande joie qu'on arrive à Storlien, fron-

tière de la Suède et de la Norvège Les deux pays, quoique réunis sous la même couronne, forment deux États
tout à fait indépendants l'un de l'autre. Ils sont même
fort jaloux de leur indépendance. A Storlien, on change
de train pour prendre le chemin de fer norvégien. On a
alors l'espoir d'arriver en quelques heures à Trondhjem,
le grand port du Nord.

En descendant du chemin de fer, le premier soin des
voyageurs curieux d'aller au *Cap Nord* doit être de courir
au bateau qui part deux fois par semaine pour cette destination, et de s'assurer des places et des cabines. Le passage
assuré, on est plus tranquille pour visiter la ville en attendant le jour du départ.

En Norvège, Trondhjem est une très grande ville. Com-
parée aux villes de la vieille Europe, elle serait à peine
une sous-préfecture de troisième classe. La ville est toute
bâtie en bois ; les maisons n'ont qu'un rez-de-chaussée et
un étage. Les rues sont très larges et coupées les unes par
les autres à angle droit. Quelques-unes sont bordées de
très beaux arbres, qui leur donnent l'aspect de nos boulevards.

Le seul monument intéressant est la vieille église, la
cathédrale, placée sous l'invocation de saint Olof. Elle
remonte au douzième siècle. Son style est un mélange très
curieux du roman et du gothique. Cette cathédrale est
l'église la plus célèbre de toute la Norvège. D'après la
Constitution, les rois doivent, avant d'exercer le pouvoir,
s'y faire sacrer par l'archevêque.

Trondhjem a un port très beau et très sûr, au fond d'un

fjord et à l'embouchure du Nid. Elle fait un grand commerce de poissons salés et de fourrures avec la partie du royaume située plus au nord.

Le Nid, avant de tomber dans le fjord, rencontre sur son chemin d'énormes rochers ; il les couvre et forme ainsi les plus belles cascades qu'on puisse voir. Cette excursion n'est pas longue à faire ; elle offre l'occasion de pénétrer un peu dans l'intérieur du pays. La terre est très fertile ; on est agréablement surpris de se retrouver au milieu d'une belle et verte végétation. Cette prise de verdure est, je l'avoue, très salutaire à ceux qui doivent s'embarquer pour le *Cap Nord*. Il est bon de faire provision des choses dont on doit être longtemps privé.

Après cette dernière promenade, il n'y a plus rien à voir ; le moment de s'embarquer est d'ailleurs arrivé. Le bateau part exactement le jeudi à midi. Il ne faut pas le manquer, sous peine d'attendre trois ou quatre jours un autre départ. Toute autre mésaventure serait moins désagréable.

Quand il doit aller de Trouville au Havre ou de Calais à Douvres, l'excursionniste, bien que la traversée ne soit que d'une heure, éprouve presque toujours un effet pénible à la vue du bateau qui doit le porter sur la rive voisine. Il est bien naturel que le voyageur qui s'embarque avec la perspective de faire cinq cents lieues sur une mer réputée mauvaise, ressente, lui aussi, une grande émotion.

Cette émotion, nous l'avons très profondément ressentie en mettant le pied sur le *Kong-Halfdan*, qui se balançait mollement dans le port en attendant l'heure du départ.

Le *Kong-Halfdan*, paquebot de moyenne grandeur, fait le service de la poste entre Trondhjem et Hammerfest; il prend en route toutes les marchandises qu'on veut bien lui confier. Il est aussi aménagé pour recevoir des passagers. La première classe a dix cabines à deux lits. Le grand salon sert à la fois de dortoir et de salle à manger. Les passagers qui n'ont pas eu la bonne chance d'avoir une cabine sont alors obligés de se lever à six heures du matin, et ils ne peuvent se coucher qu'à minuit, quand le service de la table est terminé. Le voyage, dans ces conditions, est très pénible, et ces places ne sont guère occupées que par les indigènes, qui ne font qu'une courte apparition sur le bateau en allant d'une ville à l'autre. La deuxième classe n'a que deux ou trois cabines. Elles sont toujours occupées ; la plupart des passagers occupent l'entrepont ; ils s'asseyent et se couchent sur les marchandises ou dans des hamacs qu'ils apportent avec eux.

Le capitaine a tout à la fois l'air ferme et bon. Sa fermeté donne confiance, et sa bonté promet des rapports agréables. Les matelots et les officiers sont des hommes jeunes, forts et très actifs. Ils sont quinze ou vingt.

Pendant que nous faisons notre première inspection, et rassurons ainsi notre esprit un peu inquiet, le sifflet du paquebot se fait entendre ; la machine se met en marche et le navire s'éloigne de la jetée. Des mouchoirs s'agitent à bord, et, sur terre, d'autres mouchoirs leur répondent. Ils disent beaucoup de choses, ces petits morceaux de toile que des mains amies lèvent bien haut et

que le vent secoue en tous sens : « Adieu ! bon voyage !
ne m'oubliez-pas ! je penserai à vous ! Dieu vous protège ! »
et que sais-je encore ? Ces petits porte-paroles, nous les
verrons souvent pendant notre voyage. C'est un aimable
usage du pays que d'agiter ainsi son mouchoir devant
tout navire qu'on rencontre ou qui sort du port. La mer
est dangereuse dans ces parages, et le Norvégien ne
manque jamais d'envoyer aux marins et aux voyageurs
des souhaits de bonne chance.

Bientôt on perd la côte de vue. Longtemps après que
l'œil ne peut plus la voir, il cherche encore cette terre
qu'on quitte et qu'on se prend à aimer davantage parce
qu'on en est loin.

Le dernier adieu donné au continent, il faut songer à
se caser le moins mal possible dans sa nouvelle et petite
demeure. C'est le moment de descendre dans sa cabine,
de tout y disposer pour un long temps, une quinzaine de
jours. Ces premiers arrangements sont la source de beaucoup de déceptions, de regrets, souvent même de décou-
ragement. Si l'on était seul, ce ne serait que demi-mal ;
mais il faut compter avec son compagnon de cabine, un
inconnu ! Deux canapés, un pour chaque personne,
servent à la fois de siège, de table, et de lit, le soir,
quand on étend dessus un drap et une couverture ; au-
dessus des canapés, un filet comme ceux des wagons de
chemin de fer et, entre eux, une seule boîte qui renferme
une seule cuvette ; enfin, au-dessus de cette boîte est un
hublot rond et grand comme la main. Il donne du jour et
de l'air ; mais quand le temps est mauvais, il faut fermer

le hublot, pour que la mer indiscrète n'entre pas chez vous.

Habiter une de ces cabines est peut-être le seul moyen de se prouver à soi-même qu'on est toujours trop riche d'objets inutiles, et que le strict nécessaire se réduit réellement à bien peu de chose. C'est aussi un moyen de se former ou réformer le caractère. Il faut quand même s'accommoder avec son voisin et vivre en bonne intelligence avec lui. A vivre dans un espace aussi étroit et en un contact aussi intime, avec un autre être ayant les mêmes droits que vous, on devient forcément philosophe.

L'épreuve, à bord de notre paquebot, devait être moins redoutable que partout ailleurs. Les passagers que le hasard avait réunis dans les premières étaient du meilleur monde.

On y remarquait quatre Allemands, un Américain, sept Anglais, et, chose incroyable, huit Français ; un de plus que les Anglais. Qu'on dise donc encore que les Français sont des englués qui ne savent pas sortir de leur pays ! L'Angleterre était représentée par une lady, une veuve, accompagnée de ses quatre enfants, deux petites filles et deux petits garçons, et par une miss, son amie. Quatre des huit Français étaient de la même famille, en tournée de vacances pour le plaisir d'une jeune fille amoureuse du mouvement, et pour l'instruction d'un grand collégien. Il y avait aussi parmi eux un prêtre, homme de science, doué d'un grand esprit ; un artiste, curieux d'admirer la nature des pays du Nord trop peu connus, et un jeune ménage parisien désireux de se prouver qu'on peut s'aimer sous toutes les latitudes. Les Allemands étaient officiers ; l'Américain avait déjà fait plusieurs fois le tour du monde, et il était plein d'esprit.

En mer, loin de la terre, entre le ciel et l'eau, exposé à toutes sortes de dangers communs, on oublie bien vite le cérémonial des usages mondains. A la première occasion, un service rendu en engendre un autre ; la glace entre voyageurs se rompt rapidement. Après quelques heures de navigation, tout ce monde en miniature ne forme plus qu'une seule famille, et la bonne harmonie règne en souveraine sur le navire.

On admire ensemble les belles choses nouvelles qu'on voit ; on jouit doublement du spectacle grandiose qu'offre la nature dans ces parages lointains et peu fréquentés. La mer est calme ; le ciel est bleu, et il ne fait pas froid. Nous pouvons espérer faire un voyage heureux.

Les côtes sont belles. De grandes montagnes nues se dessinent sur notre droite ; la lumière les éclaire différemment. Elles prennent des teintes variées, depuis le noir le plus foncé jusqu'au gris le plus clair. Sur notre gauche, le regard plonge au loin sur la mer immense. A Béjan, petite ville à l'extrémité de la presqu'île d'Oreland, le navire sort du fjord, prend la pleine mer, tourne au nord et se dirige sur le *Cap Nord*. Il poursuit autant que possible sa route entre les nombreuses îles semées sur les côtes de la Norvège. Il essaye ainsi de naviguer dans des eaux relativement calmes.

En doublant la pointe de la presqu'île, nous apercevons

la première baleine. Pour gagner Rorvik, station dans
l'île d'Indre Viglen, nous sommes soumis à l'épreuve
d'une assez grosse mer. Les passagers la supportent fort
mal. Heureusement pour eux qu'elle ne dure pas longtemps. Après les peines, les plaisirs. Le proverbe est si
vrai, que quelques heures après nous avoir donné cette
première émotion, le bateau passe devant l'île de Torgen.
Il stoppe et permet aux passagers de descendre à terre.
C'est la récompense.

Dans cette île, il existe une montagne curieuse, célèbre
dans toute la Norvège : le *Thôrghatten*. De loin, cette montagne a la forme d'un chapeau pointu. Elle a environ
deux cent cinquante ou trois cents mètres de haut, et elle
est percée, à peu près au milieu de sa hauteur, par un
tunnel naturel qui laisse voir la lumière à ses deux extrémités. La voûte, au centre, a soixante-deux mètres de haut
et dix-sept de large. Le plaisir est de faire l'ascension de la
montagne, d'entrer dans le tunnel, de se placer au milieu
et de regarder, comme à travers une lorgnette, le paysage
de droite et celui de gauche. Le spectacle est vraiment
grandiose. D'un côté, à perte de vue, la mer noire et
pleine d'écume ; de l'autre, à l'horizon, les montagnes
de la Norvège et leurs neiges. L'ascension n'est pas trop
pénible, et comme la civilisation, même dans ces contrées
à moitié sauvages, ne perd jamais ses droits, on y trouve
des rafraîchissements, des tasses de lait que vous offrent
deux femmes assises derrière une table.

La Compagnie norvégienne des bateaux touristes a
acheté au gouvernement le droit d'exploiter cette île, ou

plutôt la montagne, et pendant la saison des excursions au *Cap Nord*, on est sûr de n'y pas mourir de soif. Des Anglais ont lutté avec la Compagnie norvégienne pour obtenir ce droit d'exploitation ; mais le gouvernement scandinave a refusé de le leur concéder. C'est tant pis. Ils y auraient certainement mis un bon buffet. On aurait pu y bien manger et y bien boire. Le plaisir eût été complet et réparateur.

L'excursion est agréable, mais trois ou quatre heures passent vite. A peine est-on descendu à terre que le sifflet du steamer vous rappelle ; il faut absolument rejoindre le bateau pour ne pas manquer le départ.

En quittant Thorghatten, on se rapproche peu à peu des côtes pour entrer dans le Ranenfjord et aller faire escale à Mö. Avant d'y arriver, on passe devant sept sommets de montagnes ; ils sont ronds et assez rapprochés les uns des autres. On les appelle les Sept-Sœurs. Ils ressemblent beaucoup aux Trois-Frères qu'on voit à Smyrne, sur la droite de la ville. Le Ranenfjord est très pittoresque. Les collines et les petites montagnes qui bordent le fjord, à droite et à gauche, sont couvertes de belles forêts de pins. On aperçoit quelques scieries et plusieurs maisonnettes en bois habitées par des ouvriers. Ce mélange de rochers, de bois et quelquefois de neige, rend le paysage vraiment joli.

Tout révèle la vie, le mouvement ; il semble, à cette vue, qu'on respire mieux et qu'on rentre dans le monde civilisé. La petite ville de Mö, placée au fond même du fjord, ajoute encore au pittoresque. Les maisons sont en bois ; plusieurs sont bâties sur pilotis, et quelques-unes reposent à leurs quatre angles sur des piliers en pierre ; le dessous sert de cave ou de hangar. Il se fait à Mö un grand commerce de bois ; on y fabrique aussi des canots norvégiens, de forme et de couleur toutes particulières. Ils sont grands, la proue et la poupe sont semblables ; elles montent haut en se recourbant sur l'intérieur du canot. La coque est vernie ou peinte en jaune ; des rayures vertes et rouges en suivent les bords. L'aspect de ces barques est fort gracieux. Un canot à deux rameurs, avec tous ses agrès, ne coûte guère plus de cent cinquante à deux cents francs. L'escale dure juste le temps de déposer quelques indigènes et de prendre en chargement quelques canots, ainsi que plusieurs stères de bois ; puis on redescend le Ranenfjord pour gagner la pleine mer et Bodö, une autre petite ville importante.

A la sortie du fjord, le spectacle est magnifique. Le navire ne s'éloigne pas trop des côtes ; il est à une bonne distance, juste au point de recul voulu pour qu'on puisse admirer dans son ensemble les splendides rochers et les hautes montagnes qu'on a devant soi. Elles sont nues ou couvertes de neige ; des glaciers immenses en occupent les sommets ; entre autres, le Swartisen. Quand la lumière du soleil (il brille en ce moment) se joue sur ces masses imposantes, elle leur donne un aspect vraiment merveilleux. On croit voir des blocs de diamants et des lacs en feu. Des oppositions d'ombre et de lumière en augmentent encore l'éclat. Tout en ces lieux déserts et silencieux est grandiose et porte à l'admiration.

C'est en face de ces beautés de la nature qu'un intéressant événement doit se passer. Les passagers sont prévenus par le capitaine; ils attendent avec impatience. Un peu avant d'arriver devant l'île de la Hestmandö, dont la principale montagne a la forme d'un cavalier à cheval couvert d'un grand manteau, le capitaine nous annonce que nous passons le *cercle polaire arctique*. C'était le moment du déjeuner; nous en profitons tous pour boire quelques verres de champagne en l'honneur du cercle polaire. Pour ma part, j'aime mieux fêter l'événement de cette façon que de recevoir le baptême habituellement imposé aux passagers sous l'équateur.

Au delà du *cercle polaire arctique*, le bateau passe devant le grand glacier le Swartisen; il le longe pendant de nombreuses heures. Cet énorme glacier, un des plus beaux qu'on puisse voir, a environ 70 kilomètres de long sur 40 kilomètres de large. Il repose au sommet des montagnes sur un immense plateau à 1,200 mètres de hauteur. Ce glacier, encore inexploré, descend en plusieurs endroits de la côte jusque sur le bord de la mer. Les navires peuvent y aborder. Notre capitaine, toujours à la recherche de ce qui peut nous être agréable, nous fait entrer dans le Hollandfjord et stopper au fond du fjord, au pied même du glacier.

Le temps est affreux, il pleut à torrents, il fait sombre; mais à bord, on saisit avec empressement toute occasion de distraction. On met donc les barques à la mer, et tous les passagers et passagères se pressent à l'envi pour aller à terre. Les uns se mettent de grosses couvertures sur le dos; d'autres empruntent aux marins leurs vêtements de toile jaune huilée; quelques-uns ont des pardessus de caoutchouc, et plusieurs se contentent de leurs parapluies. Malgré tout, la gaieté est la note dominante. Il est vrai que les Français sont les plus nombreux. L'aspect de cette petite flottille ainsi équipée ne manque pas d'originalité. On débarque sur des rochers couverts de varech; on glisse, on se mouille les pieds; qu'importe! le glacier est là, pas bien loin, et l'on veut le voir de tout près. Il faut faire un kilomètre pour l'atteindre. Pendant qu'on le fait, en escaladant de grosses pierres et un banc de sable, la pluie cesse, le temps se remet au beau. Lorsque la petite troupe arrive au but, le soleil brille de tout son éclat et le glacier apparaît dans toute sa splendeur.

En cet endroit, le glacier descend du sommet jusqu'au bord de la mer, entre deux montagnes. Il est plein de crevasses immenses aux couleurs vertes et bleues. Tout à fait au bas se sont amoncelés d'énormes blocs de glace; ils sont comme des rochers. Leurs formes sont différentes et souvent fantastiques. On aperçoit aussi des tunnels profonds dont le soleil éclaire les voûtes.

Les passagers admirent; non contents de cette vue magnifique, ils escaladent avec peine ce chaos pour aller se promener sur le glacier. L'excursion est dangereuse; les crevasses sont très larges, et, pour les traverser, il faut sauter d'une roche de glace sur une autre roche plus ou moins accessible. Les dames, justement prudentes, restent sur le bord; quelques messieurs vont en avant, mais pas aussi loin qu'ils le désirent. Le bateau complaisant les rappelle; il est pressé de repartir pour rattraper le temps perdu en stoppant dans ces parages inhabités.

Remonté à bord, tout le monde reste sur le pont pour admirer encore ce majestueux glacier et lui donner un dernier salut. En quittant le Hollandfjord, le steamer rentre dans la pleine mer, longe de loin les hautes montagnes qui supportent le glacier. On l'aperçoit encore de temps en temps, à la dérobée, quand leurs sommets s'abaissent.

Avant d'arriver à Bodö, on double le cap Künnen, masse énorme de hauts rochers qui s'avancent fort loin dans la mer. Ce cap offre ceci d'intéressant qu'il est la limite que ne franchit pas le pin ordinaire; au delà, on ne le rencontre plus, et la végétation devient de plus en plus rare. La mer, en cet endroit, est souvent mauvaise. Après avoir été ballottés pendant plusieurs heures, nous arrivons enfin à Bodö, située à l'entrée du Saltenfjord.

Bodö est une petite ville, nous dirions, en France, un petit bourg. Elle n'a que 1,800 habitants. Ses maisons sont en bois, bâties, comme dans tout le pays, sur pilotis. Sa position, à l'entrée du fjord, lui donne quelque importance. Elle est avec Trondhjem, Tromsö et Hammerfest, un des quatre centres de la côte norvégienne qui servent d'entrepôts aux pêcheurs de morue. Ils y apportent les produits de leurs pêches. De grands hangars en bois sont construits sur la plage ou sur les rochers. On prend les foies des morues pour faire de l'huile; on fait ensuite sécher le poisson; puis on le met en tonneaux. Les navires peuvent aborder au pied des hangars et faire directement leur chargement. Cette même organisation primitive est observée dans toutes ces stations.

Il se fait avec les morues un commerce très important. Pêcher la morue et tirer parti du poisson est la seule industrie du nord de la Norvège, qui envoie ce poisson sous différentes formes dans le monde entier. Quelques industriels ont établi de véritables usines dans différents endroits de la côte et y ont gagné de grandes fortunes.

L'église paroissiale, située à quelque distance de la ville, n'offre aucun intérêt. Dans le presbytère, on a conservé la chambre que le roi Louis-Philippe, alors Louis d'Orléans, y a occupée en 1796, à l'époque où, sorti de France, il errait à travers le monde.

Le *Kong-Halfdan* débarque quelques marchandises et repart, après quelques heures d'arrêt, pour Tromsö, en Laponie.

A la sortie du Saltenfjord, on gagne la pleine mer. Il faut environ sept à huit heures pour atteindre les îles Lofoten et toucher à Solvær, la première des escales que le bateau doit faire dans ces îles. Cette traversée est souvent très pénible; la mer est presque toujours agitée, et, au grand déplaisir des passagers, des coups de vent inattendus se font fréquemment sentir dans ces parages.

Nous avons été favorisés. Le ciel était bleu; le soleil brillait, et ses rayons bienfaisants adoucissaient la température. Ce beau temps nous avait tous attirés sur le pont. Réunis en groupes sympathiques, nous avons pu, pendant qu'autour du paquebot les baleines, dans leurs

gracieux ébats, plongeaient et revenaient à la surface en
lançant des jets d'eau élevés, nous donner tout entiers à
la contemplation des beautés de la nature sévère et grandiose qui s'offraient à nous.

Quel magifique panorama!

Sur notre droite, les côtes de la Norvège avec leurs
hautes montagnes noires tachetées en blanc par les
neiges, et leurs glaciers qui se profilent sur le bleu du
ciel; à gauche et en face de nous apparaissent les cimes
élevées des pics des îles Lofoten.

Les îles Lofoten sont nombreuses, de formes et de gran-
deurs différentes; elles sont tellement rapprochées les
unes des autres, qu'elles ne forment pour ainsi dire qu'une
seule terre. Leurs montagnes se touchent et offrent à
l'œil une longue suite de sommets élevés et pointus. De
loin, ils ressemblent aux dents d'une scie. A certains
endroits, dans l'intervalle de ces aiguilles, l'herbe alterne
avec la neige. Les rayons du soleil donnent un grand
éclat à ces neiges, les colorent et font croire que les îles
Lofoten sont en feu.

Plus on se rapproche des Lofoten, plus le spectacle
devient beau. On perd les côtes norvégiennes de vue,
mais on voit peu à peu grandir les montagnes des îles;
quand on arrive à leur pied, qui est partout baigné par la
mer, elles sont comme des géantes, et notre bateau ne
semble plus être qu'une misérable coquille de noix. La
mer a partout pénétré dans les rochers et a formé des
baies nombreuses qui sont comme des petits ports.

Des pêcheurs hardis et amis de la solitude ont bâti

dans ces anses des cabanes en bois et quelques petits hangars, toujours sur pilotis, pour y déposer la morue qu'ils
ont pêchée. Quelques groupes de ces pêcheurs forment
une station. Ils vivent là fort isolés et loin de toute civilisation. Chaque station a cependant un temple. Il est
ordinairement de grande dimension, fait de bois et sans
aucun caractère. L'usage veut que le service du dimanche
se fasse tantôt dans l'un, tantôt dans l'autre. Les habitants des stations s'y rendent exactement. C'est la seule
occasion qu'ils aient pour se voir, se rendre visite et
causer de ce qui les intéresse. La coquetterie ne perdant
jamais ses droits, les femmes, qui viennent assister au
service dominical, font leur toilette dans leurs barques
pendant la traversée.

C'est entre la côte de Norvège et les îles Lofoten que
se trouve le passage habituel des morues. Elles ne
paraissent guère dans ces parages que du mois de janvier
au mois d'avril. Cette époque est le moment de la grande
pêche. Il vient alors des côtes de la Norvège dans les îles
un grand nombre de pêcheurs. Ils campent au besoin
sous la tente ou couchent dans leurs barques. Ils retour-
nent dans leurs pays, aussitôt que la saison de la pêche
est passée. Des stations qui, pendant l'hiver, n'ont pas
plus de 100 à 150 habitants, se trouvent tout à coup
envahies par 10 ou 15,000 marins.

C'est aussi dans ces parages qu'on pêche le plus de
balcines. La morue doit être un grand régal pour ces
grands mammifères; ils y viennent, sans doute, parce

qu'ils sont assurés de pouvoir satisfaire leur glouton-
nerie.

A Solvær, nous avons laissé deux passagers : un
Anglais et sa femme. Ils viennent, paraît-il, tous les ans
aux îles Lofoten passer les mois d'août et de septembre,
dans ce qu'ils appellent leur maison de campagne. Ils
amènent avec eux des domestiques et apportent de nombreuses provisions. Ils occupent leur temps à chasser et
à pêcher. C'est, en Angleterre, pour ceux qui mènent la
grande vie, une mode, bien originale toutefois, que
d'aller ainsi au loin dépenser le temps qui n'est pas
celui de la saison à Londres.

La série des îles Lofoten, en remontant vers le nord,
s'incline vers la côte norvégienne et finit par se confondre
avec elle un peu avant Tromsö. De Solvær jusqu'à Tromsö,
on ne les quitte pas ; on navigue tout le temps au milieu
de rochers magnifiques. La mer y est clémente, parce
que les montagnes l'abritent contre les mauvais vents du
nord. Si l'on a la bonne fortune de ne pas être pris par les
brouillards, on peut, des îles Lofoten, arriver à Tromsö
en 24 heures. Ces 24 heures nous ont paru très courtes,
trop courtes même. Il est vrai que les nuits ont été belles ;
le ciel et la mer étaient d'un bleu ardoisé, et, s'élevant
dans les cieux, apparaissait glorieuse la lune arctique bril-
lante comme un soleil ; elle se réfléchissait dans les flots
en rayons d'or.

Nous sommes arrivés à Tromsö par un très beau temps,
avec un ciel très clair.

Tromsö est une jolie petite ville de 4,000 habitants.

Elle est bâtie en amphithéâtre sur le versant d'une colline, dans une île, en face de la côte dont elle est séparée par l'étroit Tromsösund. La colline la protège contre le froid, et, chose assez rare en ces contrées, on y voit quelque peu de verdure ; on aperçoit même un bois de bouleaux. Des maisons de campagne sont semées à droite et à gauche de la ville ; elles animent agréablement le paysage.

A Tromsö, il y a une église catholique. Le curé est un jeune prêtre français, né à Grenoble. Il est très aimable et accueille avec une grande joie les passagers français que les paquebots amènent dans le pays. La ville a un musée très bien tenu. Les collections qu'il renferme sont très intéressantes. On y voit un spécimen curieux des animaux et de chacune des plantes marines qu'on ne trouve qu'au delà du cercle polaire arctique.

Tromsö fait un grand commerce de morues sèches, de harengs et d'huile de foie de morue. Elle est en relation avec les Lapons ; elle leur achète, pour les expédier en Europe, les fourrures qu'ils y apportent deux ou trois fois par an.

Le bateau doit faire escale pendant plusieurs heures. Nous en profitons pour aller visiter un camp de Lapons qui, nous dit-on, est établi dans le Tromsdal, à quelque distance de la ville.

Tous les passagers de la Ire classe sont de la partie, les enfants, les femmes et les hommes. Nous prenons des barques du pays pour traverser le Sund et arriver à Stor-tennès. Là, nous trouvons quelques chevaux et deux ou trois voitures. Les chevaux sont petits, trapus, rageurs.

Les voitures sont d'un modèle qui nous paraît très an-
tique ; leurs ressorts ont un âge avancé. Une seule de
ces voitures est à quatre places. Qu'importe ! le chemin à
parcourir est montueux et le terrain marécageux. Chacun
désire faire la course dans les moins mauvaises conditions
possibles, et il n'y a pas de chevaux et de voitures pour
tout le monde. On se précipite, on se hâte ; à la guerre
comme à la guerre, le premier occupant est le vainqueur.
Trois jeunes gens s'emparent des chevaux ; les voitures
sont prises d'assaut, et les retardataires en sont quittes
pour faire la route à pied.

Il faut environ deux heures et demie pour se rendre au
camp des Lapons. La route est mauvaise, raboteuse,
encombrée de grosses pierres, et promet aux voyageurs
de nombreux cahots. Au début, on traverse une prairie
sur le versant de la colline. Puis on monte une côte assez
raide ; les chevaux, peu habitués à ce genre de travail,
tirent avec effort et soufflent beaucoup. Au sommet de
la côte, on se trouve dans une vallée pleine d'herbe ; les
montagnes qui la bordent à droite et à gauche sont
encore en certains endroits couvertes de neige. Il faut
ensuite traverser un petit bois de bouleaux ; mais ces
bouleaux sont tout petits, tout rabougris ; ils forment
plutôt un maigre taillis qu'un bois. Dans les régions
polaires, on n'est pas exigeant, et les indigènes décorent
cet amas de petits balais du nom de bois. Nous nous gar-
dons bien de les détromper. Un cavalier, un jeune Allemand d'une vingtaine d'années, veut avec son cheval
s'écarter de la route ; le cheval résiste, le cavalier insiste.

La barbarie l'emporte sur la civilisation, et l'Allemand mord la poussière. Il ne se fait heureusement pas de mal, remonte sur sa bête et se décide prudemment à ne plus la taquiner.

En sortant du petit bois, le chemin descend vers le fond de la vallée où est installé le camp des Lapons. Nous l'apercevons bientôt; un quart d'heure suffit pour l'atteindre. L'endroit est bien choisi; il est abrité des vents par les montagnes; la température y est relativement assez élevée et l'herbe y pousse pendant la belle saison.

Le camp se compose de trois familles laponnes. Chacune a sa hutte et son troupeau de rennes. Pour faire sa hutte, le Lapon plante en rond une série de hautes perches, les rabat les unes sur les autres de façon qu'elles se touchent toutes à leur sommet. Il étend sur les perches des peaux de bêtes, en laissant en haut une ouverture qui doit permettre à la fumée de s'échapper. Une poutre transversale permet de suspendre au-dessus du foyer l'unique marmite qui sert pour faire la cuisine. Toute la famille passe sa vie autour de ce foyer. La nuit, on étend par terre des peaux de renne; le père, la mère, les enfants de tout âge et de tout sexe, les autres parents, s'il y en a, se couchent pêle-mêle dessus pour dormir. Quand il fait froid, on se serre les uns contre les autres pour avoir chaud.

Le type lapon est laid. Les yeux sont petits; le nez est quelque peu écrasé et les pommettes des joues sont saillantes. Le teint est pâle. Les hommes ont une appa-

rence de force qui contraste avec la petitesse de leur
taille. Le froid excessif, qui arrête dans ces régions
polaires la croissance des arbres, semble arrêter aussi
celle des hommes. Les femmes, même les jeunes, ont l'air
plus âgées qu'elles ne le sont. Une mère qui allaite son
enfant ressemble, à s'y méprendre, à une vieille grand'-
mère qui biberonne son petit-fils. Tout le monde est
habillé de peaux de bêtes, et chacun, homme, femme,
enfant, porte sur lui une ceinture à laquelle est attaché un
couteau à lame fine et bien aiguisée.

Le Lapon est nomade ; il ne s'occupe que de son troupeau de rennes ; c'est, d'ailleurs, sa seule richesse. Il se
nourrit avec sa chair et avec son lait. Il se fait traîner par
lui et il se couvre avec sa peau. Quelques-uns de ces animaux sont domestiqués, mais le plus grand nombre vit à
l'état sauvage. On les abandonne dans la montagne, et,
quand on veut les réunir, on envoie à leur poursuite des
chiens bien dressés qui les rassemblent au lieu désigné.

A l'arrivée de notre caravane dans le campement, les
femmes étaient presque toutes en dehors de leurs huttes.
Les unes donnaient à téter à leurs nourrissons ; les autres
raccommodaient les vêtements de la famille avec de
grandes aiguilles faites en os de renne. Dans chacune des
tentes, une vieille femme accroupie auprès du foyer sur-
veillait la marmite dans laquelle le repas cuisait. Les
hommes flânaient. Plusieurs s'occupaient à leurs traî-
neaux et donnaient des soins à leurs rennes. Deux
d'entre eux avaient éventré un renne mort la veille et
retiraient de son corps, avec une grande cuillère en bois,

le foie, le cœur, toutes les entrailles et tout le sang, qu'ils déposaient dans une espèce de grand baquet. C'était pour le repas du lendemain.

Notre apparition, à mon grand étonnement, n'a pas troublé les Lapons. Chacun a continué ses occupations. Ils nous ont laissés circuler au milieu d'eux et pénétrer sous leurs tentes. Les femmes ont, avec simplicité, accepté les petits cadeaux que les dames françaises leur apportaient : des brassières en tricot et du chocolat pour leurs enfants.

Les hommes ont consenti, sans trop de difficulté, à nous montrer leurs troupeaux de rennes. Ils ont envoyé leurs chiens à la chasse. Rien n'est plus original. Les rennes poursuivis descendent la colline en galopant dans tous les sens : ils cherchent à échapper aux chiens. Ceux-ci sont persévérants et les harcèlent sans relâche. Ils les font sortir de leurs plus secrètes retraites et parviennent, après mille détours, à réunir une centaine de ces animaux sauvages près du campement. Ce sont de beaux animaux. La tête est ornée d'une puissante ramure, l'œil est vif, fier. Il est difficile de s'approcher d'eux, et plus difficile encore de s'en emparer. On le fait au moyen d'un lazo. Deux hommes ont de la peine à retenir un renne. Souvent ils sont renversés. Quand nous les eûmes contemplés pendant quelque temps, on ouvrit les barrières dans lesquelles on les avait enfermés. Il était beau de voir avec quel élan, quelle *furia*, ils se sont précipités en dehors pour reprendre leur liberté.

Je soupçonne que les Lapons sont plus civilisés que

leurs rennes. Les visites des touristes, venus au camp pendant la saison, les ont sans doute apprivoisés et leur ont appris le profit qu'ils peuvent tirer des visiteurs curieux. Avant de partir, nous avons tous voulu rapporter un souvenir de cette excursion. Les uns désiraient avoir les fameux couteaux qu'ils portent à leur ceinture ; d'autres voulaient des objets, des vêtements, des cuillères faites en os, enfin mille petites choses sans valeur. Les Lapons, en ce moment, se sont révélés. Sous le prétexte qu'ils avaient un grand besoin de tout ce qu'on leur demandait, ils en exigeaient une grosse somme. Il a fallu débattre les prix comme on le fait dans un marché ; la crainte seule de nous voir partir sans rien acheter a pu les rendre à peu près raisonnables.

Les acquisitions faites et le dernier adieu donné à ces naturels, chacun a repris le chemin du retour. Cette excursion était une heureuse diversion à la monotonie de notre longue traversée, et nous promettait de nombreux sujets de causerie plus ou moins philosophique. Cette visite aux Lapons semblait me démontrer une fois de plus qu'il faut à l'homme bien peu de chose pour vivre, et même pour vivre heureux. Ces hommes et ces femmes, à notre sens privés de tout, paraissaient gais, contents, heureux. La civilisation est-elle donc vraiment un bienfait ? N'eût-il pas été préférable qu'elle restât au fond de la boîte de Pandore quand le couvercle en a été soulevé ?

A Tromsö, nous ne sommes plus qu'à une journée et demie environ du *Cap Nord*. Encore un peu de patience et nous aurons atteint le but de notre voyage. Le *Kong-Halfdan* quitte le port de Tromsö à onze heures du soir ; il passe dans les fjords le long d'une série de grandes îles pleines de hautes montagnes dénudées, de glaciers encore vierges des pieds de l'homme. Les montagnes et les glaciers forment, en certains endroits, comme de hautes barrières qui bordent la route suivie.

Les passagers qui veulent ne pas se coucher peuvent, à chaque instant, contempler ce magnifique spectacle. Dans ces régions polaires, on jouit de la lumière du soleil de minuit ; il n'y a pas, à cette époque de l'année, d'interruption du jour. On reconnaît qu'on est dans la nuit à ceci seulement que l'éclat du jour est un peu diminué et que la lumière est comme tamisée à travers une gaze. Cette insensible diminution de l'éclat du jour dure peu. L'impression ressentie est assez étrange. On perd la notion des jours, celle des heures, et si l'on n'avait la cloche du bateau pour annoncer les repas, on serait tout à fait désorienté. Le corps lui-même, trompé par cette absence de nuit, ne songe pas au sommeil. Il est bon, je pense, de ne pas être trop longtemps soumis à cette influence ; on finirait par s'énerver.

Avant d'arriver au Cap, le navire, en sortant du Varg-sund, fait, à onze heures, escale à Hammerfest, dans la petite île de Kvalö.

Cette ville est la plus septentrionale du monde. Elle est (ceci pour les savants) au 70° 40′ 11″ de latitude nord et 21° 25′ 16″ de longitude est de Paris. Hammerfest est bâtie au bord de la mer, sur le versant d'une petite montagne et à l'abri des vents ; en face sont plusieurs îles, elles la garantissent contre la mauvaise mer. Le port est sûr, et les marins sont certains de toujours y trouver un bon refuge dans les jours de tempête.

Les maisons sont en bois et sur pilotis. C'est un moyen de les protéger contre les neiges. Quelques toits de maisons sont faits de terre sèche, et l'herbe y pousse. A mi-côte, en face de la mer et dominant le port, s'élève une église catholique. Le temple protestant est au centre de la ville, perdu au milieu des maisons.

Dans cette station, il n'y a pas plus de 15 à 1,800 habitants. Ils font, eux aussi, de l'huile de foie de morue et des poissons secs.

Ce port est en relations suivies avec la Russie et la Laponie. Les Russes y apportent des fourrures, de la farine, du blé et des vivres de toutes sortes ; les Lapons, de la viande, des rennes, du gibier, surtout des gelinottes, et aussi de la fourrure. Il se fait ainsi entre eux et les habitants d'Hammerfest un grand commerce. Il a lieu, comme dans les temps primitifs et dans les pays sauvages, par échange direct d'objet contre objet, et nullement contre payement en argent. Il est curieux de retrouver les vieilles traditions de nos premiers pères, tout au nord, dans la ville la plus septentrionale, sur le chemin du pôle Nord.

Pour aller d'Hammerfest au *Cap Nord,* il faut environ quatre à cinq heures. Le temps n'est pas trop mauvais. Il faut en profiter, et sans nous attarder longtemps dans cette ville, que nous pourrons visiter au retour, nous appareillons, et à midi nous quittons le port.

Cette fois, ce n'est pas sans quelque émotion que nous reprenons la mer. Elle est presque toujours mauvaise dans ces parages, et nous savons que certains Américains ont fait huit ou dix fois le voyage sans pouvoir aborder au Cap. Le vent, la neige, le brouillard ou la grosse mer font trop souvent obstacle au débarquement. Il faut alors se contenter de voir le cap de loin ; souvent même on ne le voit pas. La seule joie du voyageur est alors de pouvoir se dire qu'il a navigué au delà du 71° degré. Nous espérons bien tous que notre bonne étoile nous protégera, et que nous serons plus heureux que les Américains.

A notre grande joie, plus le navire s'éloigne du dernier lieu de cette côte où l'homme vit en société, plus le ciel s'éclaircit. Le soleil se montre tout à fait et nous pouvons, chose assez rare, jouir du spectacle nouveau qui s'offre à nos yeux. A partir d'Hammerfest, la nature est complètement désolée. Au loin apparaissent les grandes montagnes de la Norvège. Elles sont noires et toujours tachetées de blanc. On côtoie quelques îles désertes ; ce sont plutôt des rochers que des îles. De grandes quantités d'oiseaux de mer s'y logent et y font leurs nids. Ils sont les seuls êtres vivants qu'on rencontre dans cette partie de l'océan Glacial.

Le paquebot arrête un instant sa marche devant un de ces rochers, l'Hjelmöstoren. Ce rocher est très haut, plein de crevasses et de trous. Des pingouins, des mouettes y ont élu domicile. Ils sont si nombreux qu'on ne voit qu'eux et presque pas la roche. Le capitaine, pour nous distraire, fait tirer un coup de canon. Les oiseaux, effrayés, s'envolent tous ensemble en poussant de grands cris et en faisant avec leurs ailes un bruit épouvantable. Ils forment un nuage épais, et, en volant autour du navire, ils obscurcissent un instant la lumière du jour. Après quelques circuits faits dans les airs, ils reviennent dans leurs demeures. Les matelots tirent un second coup de canon, et de nouveau la gent ailée s'effraye et s'envole encore autour de nous.

La mer devient plus houleuse, le navire danse davantage ; nous sentons bien que nous nous avançons toujours plus au nord. Quelques dames se sentent mal à l'aise et redescendent dans leurs cabines. Une heure après cette petite halte, qui nous a permis de reprendre haleine, le capitaine nous annonce que nous sommes en vue du *Cap Nord*.

Une grande agitation se fait dans tout le bateau ; on aperçoit au loin la côte de l'île de Magerö et, sur la côte, un point noir éclairé par le soleil. Le point grossit peu à peu, et bientôt nous nous trouvons en face d'une haute falaise de trois cents mètres tombant à pic dans la mer et s'avançant en pointe dans l'Océan : c'est le *Cap Nord*. Il est au 71° degré 10' de latitude nord, et au 23° degré 40' 30" de longitude est de Paris.

Cette pointe de hauts rochers qui fend la mer est l'extrémité de l'Europe ; après elle sont des pays inexplorés et le pôle Nord.

Il est cinq heures du soir ; le temps continue à être

beau; la mer n'est pas très mauvaise, et le capitaine, toujours aimable, nous permet de faire l'ascension du Cap.

Il est inabordable du côté où nous sommes. Le rocher est à pic. Le *Kong-Halfdan* double le Cap et vient stopper de l'autre côté de la pointe, à quelque distance de la côte. La falaise offre en cet endroit quelques déclivités. Elles sont pénibles à gravir, il est vrai, mais elles rendent l'ascension possible.

La mer devient méchante; elle déferle avec fureur sur le rivage; le navire est fortement secoué. Qu'importe! la vue du *Cap Nord,* la satisfaction de pouvoir dire qu'il est monté au sommet, encouragent chacun de nous et donnent des forces à tous. Tout le monde veut aller à terre, même les femmes, que le mauvais état de la mer a rendues malades.

Les barques sont mises à l'eau, non sans difficulté, et l'embarquement commence. Ce n'est pas chose aisée. Tantôt la barque est portée par les vagues furieuses au-dessus de l'escalier du bord, tantôt elle est entraînée beaucoup plus bas et plus loin que lui. Le mouvement du bateau est lui-même presque toujours en désaccord avec celui de la barque. Il faut, pour sauter dedans, saisir l'instant précis et assez rare où la chaloupe est juste à la hauteur de la dernière marche de l'escalier.

L'Américain, qui a de l'expérience, se présente le premier pour l'embarquement. Il se précipite à contretemps et fait basculer la barque. Elle se remplit d'eau, et il manque de chavirer. Les matelots viennent à son secours, ils le sauvent; lui, sans perdre son sang-froid, pousse un formidable hourra en saluant les dames du bord. Pour les dames, on prend plus de précautions. Des marins sont dans la chaloupe et d'autres marins sur l'escalier. Ceux-ci prennent les dames, les soulèvent dans leurs bras et les jettent, pour ainsi dire à la volée, à leurs camarades de la chaloupe, qui les reçoivent avec autant de douceur que possible.

Quand la barque est pleine, elle fait force de rames vers la côte et revient chercher d'autres passagers. Cette petite traversée d'un quart d'heure est très pénible. La coquille de noix est fortement secouée; les vagues paraissent hautes et menaçantes. Il semble à chaque instant qu'on descend au fond de la mer et que les vagues vont vous engloutir. Enfin, on arrive sain et sauf au pied d'une petite estacade. Il faut, pour le débarquement, se livrer aux mêmes exercices que tout à l'heure.

Une seule dame, une Française, trop éprouvée par le mal de mer, n'a pu, au dernier moment, surmonter sa faiblesse. Elle est restée sur le navire, livrée aux bons soins des femmes de chambre du bord. Tous les autres passagers sont venus à terre et s'élancent à l'escalade du *Cap Nord*.

Le premier étonnement est de voir au pied de la falaise une toute petite cabane et une cheminée qui fume. Un homme sort de la cabane et se propose à nous pour nous montrer le chemin. Cet être humain vit là tout seul, absolument isolé, pendant les trois mois de l'année où l'ascension est possible. Il ne voit des hommes et n'entend des

voix humaines qu'autant que des touristes peuvent et
veulent bien débarquer. Il n'a pour se nourrir que les
poissons qu'il pêche et les conserves de viande qu'il
apporte avec lui. Les pourboires qu'on lui donne sont
les seuls profits qu'il peut tirer de cette existence misérable.

La falaise est haute et la pente très raide; un sentier
plein de grosses pierres, fait en zigzag pour adoucir la
montée, conduit au sommet en une demi-heure.

On se met en marche, précédé du philosophe de l'endroit, et l'on se suit en file indienne. Les forts, les agiles
précipitent le pas et dépassent bientôt leurs compagnons
aux pieds moins montagnards. Ils arrivent assez vite à
l'extrémité du sentier. Là, ils se trouvent, à leur grand
étonnement, sur un immense plateau et aperçoivent au
loin une colonne. C'est le but de l'ascension. Il n'y a
plus de sentier, et, pour y arriver, il faut marcher au
milieu des pierres et des cailloux. En une demi-heure, la
petite troupe atteint la colonne. Elle est de granit et a
été élevée en l'honneur du roi Oscar II, pour perpétuer le
souvenir de son ascension. A côté de ce petit monument,
il y a une autre colonne faite d'un grand amas de pierres
posées les unes sur les autres, sans aucun ordre.

Il est de tradition que chaque voyageur ajoute une
pierre à l'édifice. Chacun de nous y apporte la sienne;
mais il faudra beaucoup de temps pour que l'édifice
atteigne la hauteur de la tour Eiffel. La vue, du haut de
cet observatoire, est belle. En face de soi, on a la mer
Polaire dans toute son immense étendue; derrière, le

haut plateau sur lequel on se trouve. Il s'étend loin, très loin. Quelques neiges le recouvrent en certains endroits. Sur les côtés, à droite et à gauche, on aperçoit la terre de Norvège, à laquelle tient l'île de Magerö; ce sont aussi de hauts plateaux rocailleux et sans aucune végétation.

Quelques minutes après notre arrivée, l'indigène qui a conduit la caravane ouvre une petite armoire cachée sous les pierres de la colonne. Au grand ébahissement de nous tous, il en tire des bouteilles de champagne.

Le jeune Américain, qui est arrivé le premier, saisit l'occasion au vol et offre galamment le champagne à tous ses compagnons cosmopolites. On boit à l'Amérique, à la France, à l'Angleterre, à la Norvège, et aussi à l'Allemagne. Puis chacun écrit son nom sur une feuille de papier ; on met la feuille dans la dernière bouteille de champagne vide, on la cachète et on la place dans l'armoire, à côté d'autres bouteilles également cachetées qui contiennent les noms des précédents excursionnistes. Le guide ferme ensuite l'armoire, en prend la clef et redescend bien vite pour faire ses préparatifs de départ. La saison est trop avancée. Il ne peut plus rester dans ces lieux, où aucun voyageur ne viendra plus avant l'année prochaine, et il doit s'embarquer avec nous pour revenir aux pays habités et rentrer dans sa famille.

Les ascensionnistes disent adieu à la colonne et reprennent, chacun au gré de son caprice, le chemin du retour[1]. A l'extrémité du plateau, près du sentier, ils

---

[1] Au sommet du *Cap Nord*, le point le plus septentrional du continent

rencontrent la miss anglaise fatiguée, épuisée. Elle n'a
pu les suivre à la montée; elle s'est perdue, et elle est
tout en pleurs. La joie qu'elle éprouve en les revoyant
lui fait perdre le reste de ses forces, et elle se trouve
tout à fait mal. Revenue à elle, grâce aux bons soins
qu'on lui prodigue, elle se rappelle qu'elle est Anglaise
et veut quand même aller jusqu'à la colonne.

Les premiers arrivés au bas de la falaise y retrouvent
la dame française. Fatiguée par la traversée et le mal de
mer, elle avait bien dominé son mal pour descendre à
terre et suivre ses enfants. Malgré sa volonté, elle n'avait
pu surmonter la fatigue des premiers efforts de l'ascension et avait perdu complètement connaissance. Revenue
à elle, elle s'était assise sur une roche, où elle attendait
le retour des siens, qui ignoraient son malaise.

Quand tous les passagers furent réunis au bas de la
falaise, on se compta, et, sûr que personne ne manquait
à l'appel, on procéda avec prudence au rembarquement.
Il fut aussi difficile et aussi périlleux que l'embarquement. Enfin, à neuf heures, tout le monde étant à bord,
on donna le signal du départ.

Il faisait grand jour. Montés sur le pont, nous avons
tous salué ce célèbre *Cap Nord*, que beaucoup d'entre
nous ne reverront jamais.

Le voyage s'était fait dans des conditions exception-

européen, à huit heures du soir le thermomètre indiquait 13 degrés centi-
grades au-dessus de zéro. L'année dernière, dans le même mois d'août, en
passant en pleine mer devant le cap Matapan, le point le plus méridional
de l'Europe, à midi, le thermomètre du navire indiquait seulement
28 degrés au-dessus de zéro.

nellement bonnes. Le but était atteint. Plus heureux que beaucoup d'autres, nous avions pu jouir complètement de toutes les beautés de ce pays encore peu connu. Eh bien, malgré tout, nous n'étions pas contents. La pensée qu'une chose est faite, terminée, est toujours une pensée triste. Il semble que cela marque un temps dans la vie. Tous les voyageurs ont éprouvé cette impression. Il fallait maintenant revenir sur nos pas, retourner à Trondjhem. Les passagers craignaient que ce retour ne fût long et ennuyeux.

Le capitaine, plein de sollicitude pour ses hôtes, nous donna, pour nous distraire, un nouveau plaisir.

Dès que nous eûmes perdu de vue le *Cap Nord,* il fit stopper. Les matelots apprêtèrent des lignes, et, pendant deux heures, les amateurs purent se livrer au plaisir de la pêche en pleine mer. On fit une ovation au premier poisson amené sur le pont; le pêcheur habile reçut beaucoup de félicitations. On prit ainsi plusieurs gros poissons, entre autres quelques *cat fishs;* leur tête ressemble à celle d'un chat

Le plaisir n'empêche pas le temps de marcher, et, bien que nous fussions encore en plein jour, il n'était pas loin de minuit. Il fallut renoncer à cette amusante distraction pour continuer la route du retour.

Huit jours plus tôt, nous aurions pu voir le soleil de minuit; cependant, la différence de temps n'était pas tellement grande que nous ne pussions pas jouir encore d'un spectacle presque aussi beau. Il faisait un temps magnifique; le ciel était pur et l'air pas trop froid. Nous

avons avec joie profité de cette bonne chance et nous
sommes restés sur le pont.

Le jour, tout à coup, baissa un peu. A l'horizon, au
couchant, le disque rouge du soleil apparut rond, justement au-dessus des flots. Le ciel, tout autour de nous,
était empourpré de belles couleurs rouge feu ; quelques
nuages légers étaient teints de violet et de jaune. Les
nuances allaient se dégradant jusqu'au gris pâle et finis-
saient par se confondre. Les reflets de cette lumière éclatante et de ces belles couleurs couvraient les montagnes
et en accusaient les formes majestueuses. Ils illuminaient
les glaciers et les rendaient incandescents. La mer s'était
mise en fête ; elle était comme couverte d'un immense
manteau aux mille couleurs ; le mouvement des vagues
les faisait scintiller.

Le soleil, en descendant à l'horizon, ne laissa bientôt
plus voir au loin, sur la mer redevenue noire près de
nous, qu'une ligne de lumière rouge très éclatante. Le
soleil était caché, mais il n'était pas loin, et ses rayons
éclairaient toujours l'espace infini. Derrière nous, le ciel,
un instant dans l'ombre, commençait à prendre des
teintes roses ; les nuances s'accentuèrent bientôt, et, bril-
lantes d'un vif éclat, les couleurs du soleil levant illumi-
nèrent l'orient et l'autre versant des glaciers. Les feux
du soleil couchant n'étaient pas encore éteints, que déjà
ceux du soleil levant se montraient. Nous étions au centre
d'un feu d'artifice qui nous entourait de tous côtés.
Toutes ces merveilles étaient encore plus merveilleuses
vues au milieu de cet horizon infini et dans l'immense

silence des mers polaires. Quelle magnificence ! et comme on comprend bien, en voyant ce spectacle admirable, qu'un Dieu seul a pu créer ces beautés !

Trompés par l'absence de nuit et devenus quelque peu rêveurs, nous sommes restés sur le pont jusqu'à notre retour à Hammerfest. Nous y sommes arrivés à sept heures du matin. L'escale devait être longue. Le prêtre catholique en profita pour dire la messe dans la chapelle française de la ville. Presque tous les passagers y assistèrent. Notre voyage avait été jusque-là particulièrement heureux. Ne fallait-il pas en remercier Dieu ?

Le reste du temps que nous devions passer dans cette station fut employé à parcourir de nouveau la petite ville, à visiter plusieurs sècheries de poissons et fabriques d'huile de foie de morue. Dans le port, nous avons pu admirer deux magnifiques ours blancs pris récemment au Spitzberg et apportés par des pêcheurs. Le Spitzberg n'est pas loin d'Hammerfest. Les ours étaient enfermés dans des cages de bois, et on les nourrissait avec du poisson frais. Ils paraissaient très friands de cette nourriture. On devait les embarquer le lendemain pour Hambourg, où il se fait, paraît-il, un grand commerce de bêtes féroces.

A l'heure convenue, le sifflet d'appel se fit entendre, et tout le monde rembarqua, non sans quelque déplaisir ; nous devions, pensions-nous à tort, reprendre la même route, revoir les mêmes montagnes. Le capitaine, toujours désireux de nous être agréable, nous fit la surprise de changer, au moins dans cette première partie du retour, la direction du navire. Il nous fit passer par l'extrémité de l'île de Sorö, grande île très montagneuse et couverte de Glaciers ; par un temps clair, on en aperçoit vaguement les côtes d'Hammerfest. Les baleines aiment ce côté de la mer Glaciale, elles s'y trouvent en très grand nombre. La pêche y est plus fructueuse que partout ailleurs. Le bateau s'arrêta devant Sörvær, et l'on nous permit de descendre à terre et de visiter la station.

L'île est presque déserte. Sörvær n'est ni une petite ville, ni un village ; c'est une grande usine dans laquelle on exploite la baleine après qu'elle a été capturée. Une grande cheminée, pareille à celle de nos hauts fourneaux, la désigne de loin à l'œil des marins. A côté des hangars, il y a une maison où habite le directeur et ses ouvriers. Ils sont en tout une vingtaine. Devant les magasins, on a fait deux grands bassins. Dans le premier, on laisse séjourner la baleine prise et morte jusqu'au moment où on doit l'exploiter. Elle passe ensuite dans le second bassin, où se fait le dépeçage.

A notre arrivée, les ouvriers étaient occupés à découper une baleine. Une grosse chaîne de marine, fixée dans la tête de la baleine, est tirée par une machine à vapeur et amène l'énorme mammifère à terre. Une fois sorti de l'eau, l'animal est fendu en deux avec des haches. On retire du corps les entrailles et on les jette dans le bassin, où elles flottent à la surface de l'eau. Rien n'est plus dégoûtant à voir. Elles forment une masse énorme , sanglante et de vilaine couleur. Il s'en échappe une odeur nauséabonde qui donne mal au cœur. Plusieurs d'entre nous ne purent la supporter et retournèrent à bord. Le corps de la baleine, à l'endroit où il a été coupé en deux, forme comme une muraille de chair de trois mètres cinquante à quatre mètres de haut. La chair ressemble à de la viande de bœuf; elle est, comme elle, zébrée de nerfs blancs. Les ouvriers dépècent ce cétacé à l'aide de faux fixées à des manches très longs. Les marins du Nord se nourrissent de cette chair, fraîche ou salée. A côté des hangars où se fait ce travail, est un autre bâtiment dans lequel sont des chaudières immenses. Un grand feu, qui ne s'arrête ni jour ni nuit, y fait bouillir la graisse et aussi les autres parties de baleine qui servent à faire de l'huile. On tire parti du corps entier. L'huile est utilisée dans plusieurs industries. Depuis quelque temps, les marins l'emploient pour calmer la mer pendant les tempêtes, en la laissant couler goutte à goutte le long du navire. Ce moyen a quelquefois réussi.

En quittant l'usine pour retourner à bord, nous n'avons pu nous empêcher de plaindre ces hommes condamnés par l'industrie, pour satisfaire aux besoins de la civilisation, à vivre ainsi dans l'isolement sur les bords d'une île déserte, au milieu des mers polaires.

Aussitôt après notre rembarquement, le paquebot, qui devait revenir à jour fixe à Tromsö pour le service de la poste, reprit la haute mer à toute vapeur. Il fallait regagner le temps perdu.

Arrivés à Tromsö au moment voulu, nous avons quitté cette ville après une ou deux heures d'arrêt.

A partir de Tromsö, le temps devint moins beau ; la traversée fut aussi moins heureuse. En passant devant le Malangerfjord, nous avons, pour la première fois, rencontré du brouillard. Il est, dans ces régions, d'une espèce toute particulière. Les effets qu'il produit sont curieux à observer. De loin, il paraît compact et blanc comme du lait. Il s'étend au-dessus de la mer en nappe épaisse. Entre elle et lui, il se forme comme une grande voûte. Il semble que le navire, en s'avançant, doit entrer dans un immense tunnel. La nappe de brouillard plane à mi-côte des montagnes des îles du fjord ; au-dessus de lui, le soleil brille de tout son éclat et illumine les sommets des montagnes, qui émergent dans un ciel bleu. Cette clarté augmente encore le sombre de la voûte et donne à ce spectacle nouveau pour nous un plus grand caractère.

Pour éviter ce gros brouillard, qui nous aurait obligés de stopper jusqu'à ce qu'il fût dissipé, le navire se détourna un peu de sa route et fit le tour de l'île de Senjen. Sur la côte de Norvège, un règlement de police maritime ordonne à tout bateau surpris par le brouillard de stopper et de jeter l'ancre là où il se trouve. On arrive ainsi à éviter les abordages et les naufrages.

Ce brouillard était un mauvais présage ; il nous annonçait et le mauvais temps et la pluie. Nous n'avons échappé ni à l'un ni à l'autre.

En quittant les îles Lofoten, nous avons eu la triste

occasion de sauver trois pêcheurs : deux hommes et un enfant d'une dizaine d'années. Ils venaient de faire nau- frage. Un coup de vent avait fait chavirer leur barque. Ils se tenaient debout sur la voile qui leur servait de radeau. Plongés dans l'eau jusqu'à la ceinture, les deux hommes faisaient effort pour maintenir le jeune garçon au-dessus des vagues. Les cris qu'ils poussaient furent heureusement entendus de notre navire. En une seconde, les barques furent mises à la mer pour aller à leur secours. Tous les passagers montèrent sur le pont et suivirent avec anxiété les péripéties du sauvetage.

Les barques, qui faisaient force de rames, furent promp- tement auprès des naufragés. Il était temps : leurs forces étaient épuisées; ils allaient lâcher l'enfant. On les ramena tous les trois à bord et on leur prodigua toutes sortes de soins. Pendant ce temps, les matelots du *Kong-Halfdan* remettaient leur barque à flot et réparaient tant bien que mal les dégâts. Les passagers, impres- sionnés, firent une collecte pour indemniser ces malheu- reux pêcheurs de la perte de leurs filets et de celle de leur pêche. Réconfortés par quelques verres d'eau- de-vie, les trois naufragés nous remercièrent, les larmes aux yeux, par de bonnes poignées de main. L'émotion leur avait ôté la parole. Puis ils remontèrent dans leur barque pour regagner la côte, qu'on apercevait dans le lointain. Nous-mêmes, nous reprîmes notre course sur Bodö.

Ce retour ne fut vraiment pas heureux. Quelque temps après notre départ, la pluie commença à tomber. Au

delà du cercle polaire arctique, quand elle commence,
on ne sait jamais quand elle cessera. A Bodö, nous
sommes restés vingt-quatre heures en station devant la
ville, pour charger deux mille tonneaux de morues et de
harengs salés. Impossible de descendre à terre. Des torrents de pluie inondaient le pays et le pont du navire.
Rien n'est plus mortellement ennuyeux que d'être ainsi
obligé de rester dans sa cabine et d'entendre continuelle-
ment les cris de la grue qui descend les tonneaux à fond
de cale. Ce fut une délivrance quand le bateau se remit
en marche pour quitter cette ville.

Le temps s'éclaircit un peu, mais pas assez cependant
pour permettre de revoir le grand glacier, le Swartisen.
De l'autre côté du cercle polaire, que nous avons repassé
sans nous en douter, nous avons trouvé une mauvaise
mer. Le capitaine crut prudent de nous mettre, pendant
les premières heures de la nuit, à l'abri de ce mauvais
temps. Il nous fit stopper à l'entrée d'un petit fjord. Sur
les trois heures du matin, confiant dans le calme relatif
du fjord, il reprit la mer. C'était trop tôt nous remettre
en route. Elle était démontée, une grosse tempête boule-
versait les flots. Nous ne pouvions malheureusement pas
revenir en arrière. Il fallait à tout prix aller en avant, le
danger était moins grand. Des vagues énormes secouaient
le paquebot et passaient à chaque instant par-dessus le
pont. Elles roulaient le navire de droite et de gauche. Très
chargé, il se relevait avec beaucoup de peine. Les passagers, effrayés, s'étaient réfugiés dans leurs cabines. Ils
avaient de grandes difficultés à s'y tenir sans tomber, tant

les secousses étaient fortes. On entendait de tous les côtés des cris, des gémissements et des pleurs ; quelques femmes chantaient des cantiques. La voix stridente et grave du capitaine, qui donnait des ordres, dominait toutes ces lamentations.

Les passagers de seconde classe étaient affolés ; l'eau entrait dans leur carré. Un Suédois découragé effrayait tous les autres en criant avec désespoir que nous allions tous périr. Le capitaine le fit emporter par ses matelots et jeter à fond de cale. Le danger était toutefois si grand, que le commandant fit construire un radeau avec les voiles et préparer les barques pour pouvoir les mettre aussi rapidement que possible à l'eau. Le navire, malgré tout, avançait toujours et, fort heureusement, grâce à l'énergie et au sang-froid de tout l'équipage, nous avons pu gagner les îles qui bordent la côte près de Ramsö et nous mettre à l'abri derrière elles, tout en continuant notre voyage.

Cette lutte contre la tempéte avait duré quatre heures, quatre siècles, avec des alternatives d'espoir et de désespérance. Nous avons bien aperçu au loin deux navires, mais ils étaient désemparés. Ce fut une douleur de plus : aller à leur secours était impossible ; nous étions nous-mêmes trop en danger. C'eût été pour le *Kong-Halfdan* une cause certaine de perte, et le commandant était responsable de nos existences.

Le danger passé, nous nous sommes tous retrouvés sur le pont, qui est comme la place publique d'une grande ville. Troublé et épuisé par les événements de la nuit,

chacun raconta ses émotions, dit ce qui lui était arrivé et
ce qu'il avait vu. Ces récits divers nous donnèrent à tous
comme une crainte rétrospective pour les dangers courus,
dont nous n'avions eu qu'en partie conscience. La jeune
dame française avait passé tout le temps de la tempête
en haut de l'escalier, près de l'entrée du pont. Son mari
prudent avait voulu qu'elle fût le plus près possible des
barques de sauvetage. Elle s'était couchée par terre et se
cramponnait à tous les points d'appui que ses mains ren-
contraient, pour ne pas être projetée en bas de l'escalier ou
contre les cloisons. Elle voyait les montagnes d'eau
tomber sur le pont et les marins agités exécuter les ordres
du capitaine. Une grande frayeur annihilait ses forces.
Dans la crainte de mourir au milieu d'horribles souffrances
si l'on faisait naufrage, elle avait voulu que son mari prît
sur lui son pistolet et lui promît de la tuer pour lui éviter
les agonies de la mort.

Le mari avait promis, mais il s'était bien juré de n'en
rien faire. La fatigue nous empêchait pour le moment de
jouir du panorama magnifique qui se déroulait devant
nous depuis que le temps était redevenu calme. Beaucoup
n'avaient qu'un désir : revenir le plus vite possible à
Trondhjem pour descendre à terre. Nous n'en étions plus
très éloignés. Ce fut avec un grand plaisir que nous aper-
çûmes au loin la silhouette de la ville, et avec une plus
grande joie que nous fîmes notre entrée dans le port.

Tous les passagers, qui devaient continuer le voyage
jusqu'à Bergen, à l'exception de l'Américain, y renon-

cèrent, et débarquèrent, non sans avoir chaudement félicité et remercié le capitaine du *Kong-Halfdan*.

La grande excursion du *Cap Nord* était faite. Nous pouvions nous féliciter d'avoir été particulièrement privilégiés. Le temps avait été presque toujours beau ; nous avions, au moins à l'aller, échappé au brouillard et à la pluie, et l'ascension du *Cap Nord* s'était faite sans trop de difficulté. La mer n'avait pas été trop mauvaise pendant le voyage. Je ne compte pas la tempête éprouvée au retour. C'est un accident auquel il faut s'attendre, quand on fait une longue traversée.

Nous connaissions Trondhjem, que nous avions visitée avant notre embarquement. Il ne nous restait plus qu'à rentrer en France. C'était plus facile à désirer qu'à exécuter. Trondhjem est loin, très loin de Paris. Il faut, pour y revenir, traverser beaucoup de pays, et, malgré l'invention des chemins de fer, on doit rester en route plusieurs jours et plusieurs nuits.

Après un jour de repos complet, nous avons avec plaisir quitté cette ville vraiment pittoresque et pris le chemin de fer pour Christiania.

La ville est située au fond d'un fjord et appuyée sur des collines. Les nombreuses petites îles qui sont semées dans le fjord, devant son port, en font la plus coquette et la plus charmante des villes.

La campagne environnante ressemble à une mer de verdure dont les collines forment les vagues. Le vert foncé des forêts tranche sur le vert clair des prairies. Au milieu des arbres se montrent de toute part de coquets chalets. Parmi ces maisons de plaisance, la plus belle est le palais d'été du Roi, appelé Oscarshall. Ce n'est qu'une grande villa toute neuve, en pierres blanches, qui nous rappelle les constructions des environs de Nice ; elle est dans le style gothique anglais. L'intérieur est orné de jolies boiseries, et du haut de la tour on jouit d'une vue admirable sur le fjord, les environs et les montagnes les plus éloignées.

Non loin de cette villa royale, trois vieux bâtiments norvégiens très curieux ont été transportés du Thelemarken et reconstruits. Le plus curieux est l'église de Gol, du douzième siècle. C'est une petite église tout en bois, dont les toits sont superposés comme dans une pagode. Un abri couvert tourne tout autour. A l'intérieur, qui est à peine éclairé, tout est également en bois, les colonnes, l'autel, etc. A côté de ce curieux bâtiment, on visite deux chalets de la même époque meublés dans le style du temps, et un grenier très élevé, à cause des rats. Il est aussi grand que les chalets.

Christiania, qui a été fondée au commencement du dix-septième siècle, ne possède aucun monument intéressant. Le palais royal est une mauvaise et vilaine construction en plâtre. Il est carré et ressemble à une caserne. Le palais de la diète, bâti tout en briques, n'a aucun caractère architectural. Le port seul est intéressant. Il est grand, très beau, et les plus gros navires peuvent y entrer. Son importance est devenue très grande dans ce dernier quart de siècle. Elle augmente tous les ans.

On conserve dans la ville avec quelque orgueil, dans un

musée construit tout exprès pour les mettre à l'abri de l'air, deux grands anciens bateaux normands, des vikings, trouvés il y a quelques années dans Sandefford. Ils étaient ensevelis sous les sables. Ces bateaux ne sont pas entiers. Cependant, la carène est assez bien conservée pour qu'on puisse en reconnaître la forme. Le bois est tout noir, presque pourri. Il ressemble à du bois brûlé qu'on a retiré des flammes, après qu'on les a éteintes. Dans ces bateaux, le gouvernail, au lieu d'être placé à l'arrière, est posé sur le côté. Des rames et divers agrès ont été découverts au même endroit. Ces objets sont exposés à côté de ces deux vieilles carcasses de navire. On prétend que ces bateaux ont, il y a au moins huit ou 900 ans, appartenu aux anciens pirates normands qui ont envahi le nord de la France.

Le cimetière de la ville est très beau. Placé sur une hauteur, il offre au visiteur une vue magnifique sur les environs et sur la mer. Il est ombragé de grands arbres. Les tombes sont chargées de fleurs; auprès de chacune d'elles se trouve un banc où viennent sans doute prier et pleurer ceux qui souffrent de l'absence de ceux qui dorment sous la terre. Ces bancs se retrouvent dans tous les cimetières de la Norvège et de la Suède. Le Norvégien pas plus que le Suédois n'oublie ses morts.

De Christiania l'on peut faire de très belles excursions dans le Thelemarken et dans le Hardanger. On peut aussi aller jusqu'à Bergen, qui est un des grands ports de la Norvège. Pour y arriver, il faut traverser de très hautes montagnes couvertes de neige, et naviguer sur plusieurs lacs. Ces montagnes sont, dit-on, une des plus belles choses qu'on puisse voir. Cela peut être vrai, mais pour arriver à Bergen, il faut rester en route pendant cinq jours et cinq nuits ; ces excursions sont très belles, mais elles sont très pénibles et très fatigantes. On ne peut les faire qu'en karriole ou en bateau à vapeur, et, par malheur, on est fort peu de temps sur les lacs.

La karriole est une voiture pour une seule personne. C'est une espèce de chaise à dossier très bas posée sur deux grandes roues. Souvent elle manque de ressorts. On n'a pas la place de mettre les jambes. Il faut les allonger en dehors du siège et poser les pieds sur deux espèces d'étriers placés en avant, près d'un tout petit garde-crotte. Cette position est très gênante et devient très pénible quand on la garde longtemps. Elle est surtout très fatigante pour les femmes. Autre inconvénient, il faut conduire soi-même. Ordinairement, on donne avec la voiture un jeune enfant de huit ou dix ans ; il s'assoit derrière le voyageur sur une petite planche et dos à dos avec lui. Il est chargé de ramener la voiture au loueur. Les chevaux sont très ardents et ont le pied sûr.

La perspective de rester cinq jours dans ces mauvaises voitures et la certitude de ne trouver que difficilement à nous nourrir et à nous coucher, nous décidèrent à remettre à une autre année la visite du Thelemarken et du Hardanger.

Cependant, curieux de pénétrer un peu dans l'intérieur du pays et d'expérimenter la fameuse karriole, nous avons voulu aller dans le Thelemarken au pied du *Gausta*, la plus haute montagne du sud de la Norvège. Elle a à peu près 2,000 mètres de hauteur, et l'on en fait souvent l'ascension ; trois jours, aller et retour, suffisent en partant de Christiania pour faire cette petite excursion.

Partis le matin par le chemin de fer, nous sommes arrivés pour le déjeuner à Krongsberg. Il y a, aux environs de ce petit bourg, des mines d'argent exploitées par le gouvernement. A Krongsberg même, il existe une fonderie que les voyageurs peuvent visiter. Nous y avons vu de l'argent en fusion qu'on versait dans des moules pour en former des lingots. Les lingots sont ensuite envoyés dans un autre établissement dans lequel on fabrique des pièces d'argent.

Dans cette petite bourgade, il a fallu abandonner le chemin de fer et prendre des karrioles pour nous rendre à Tinnosen, sur le lac Tinnsjö, que nous devions traverser en bateau à vapeur pour aller à Strand, près de *Gausta*. Vers une heure de l'après-midi, nous avons pris plusieurs karrioles. Les chevaux étaient bons, mais le chemin est horriblement mauvais et mal entretenu.

Les routes, en Norvège, à quelques exceptions près, sont plutôt des chemins que des routes. Ces chemins sont très étroits et tracés à travers le pays sans aucun souci des obstacles qu'il peut offrir. Le pays est très accidenté, très vallonné. Il advient que la route suivant les ondulations du terrain, on est toujours ou dans une descente, ou dans une montée, le plus souvent très raide. Ces ondulations sont très rapprochées les unes des autres. Les chevaux ont l'habitude de descendre ces rapides aussi vite

qu'ils peuvent, au grand galop ; emportés par l'élan de la
force acquise, ils remontent l'autre versant avec la même
allure. Il semble alors au voyageur qu'il est dans une des
voitures de ces jeux qu'on appelle les Montagnes russes.
Plus on veut retenir le cheval, plus il court vite ; quelquefois il s'emporte. Si la bête fait un faux pas, le conducteur
est en grand danger ; projeté à terre, il pourrait tout au
moins se briser la tête. Notre bonne étoile nous a proté-
gés. Les chevaux n'ont pas bronché.

Après une course folle de six heures dans les montagnes,
nous sommes arrivés à Bolkesjö. Il était tout près de sept
heures. La nuit commençait. Nous avons dû nous arrêter
en cet endroit pour dîner, nous coucher, et pouvoir le
lendemain atteindre Tinnosen dans la journée.

Bolkesjö est une halte située dans un lieu désert. Notre
hôtellerie, qu'on appelle un *sanatorium*, parce que quel
ques personnes malades et amoureuses de la solitude y
viennent se reposer, est la seule maison dans laquelle on
puisse coucher. Placée au sommet d'une colline boisée,
elle est tout à fait isolée, quoique sur le bord de la route.
On a, de cet endroit, une vue très belle sur tout le pays.
Au pied de la colline, un grand lac, et un autre plus petit
au-dessus du premier, puis les trois ou quatre cabanes qui
composent tout le village; dans le lointain, les montagnes
du Thelemarken, que dominent les sommets neigeux du
Lifjed et du Gausta. Ce panorama, éclairé par le soleil
couchant, est vraiment plein de grandeur et de beauté.

L'hôtel est une maison grossièrement bâtie en bois.
Les chambres sont petites et manquent de meubles : les

lits n'existent pas ; peut-on appeler un lit, quatre planches
sur lesquelles on étend plusieurs couvertures ? Si l'on veut
s'asseoir, il est nécessaire de changer les malles en sièges.
Il faut alors admettre qu'on les ait montées soi-même. Il
n'y a pas de domestiques dans l'hôtellerie, et il est admis
que les voyageurs se servent toujours eux-mêmes. Voilà
un confortable qui permet certainement aux personnes,
fatiguées par les cahots de la karriole, de se reposer. C'est
bien autre chose encore quand on veut prendre quelque
repas ! Les voyageurs sont sans doute assez rares et la cuisine est peu fournie. On ne vous offre que quelques poissons tout petits, des hors-d'œuvre et de la viande salée.
Les œufs y sont vieux et mauvais. Si le voyageur désire
quelque autre chose, il lui est presque impossible de l'obtenir. Il arrive même que la cuisinière offre son fourneau
et dit à l'intrus : « Monsieur, faites vous-même votre cuisine. » Nous avons eu ce triste sort. Quand nous avons
demandé de la soupe au lait et des œufs à la coque, les
seules choses que nous pussions espérer manger, on nous
a répondu qu'on ignorait ce qu'étaient ces plats. On nous
a donné du lait, du mauvais pain, du sel, des œufs et de
l'eau. Un de nous s'est dévoué et a fait la cuisine. Il faut
reconnaître que le lait n'a pas senti le brûlé, et que les
œufs n'étaient pas trop durs.

Il paraît que tous les hôtels de l'intérieur de la Norvège sont semblables à celui-là. Le propriétaire de la
maison a même prétendu que chez lui on était mieux que
partout ailleurs.

L'épreuve, toutefois, a été dure. Nos estomacs n'ont

pas été satisfaits, et la nuit a été mauvaise, oh ! très mauvaise. Le lendemain, nous étions accablés de fatigue et
ennuyés de notre isolement. Au lieu de continuer la
route sur Tinnosen, très satisfaits d'avoir vu le *Gausta*
de loin, nous nous sommes décidés à revenir sur nos pas
et à rentrer au plus vite à Christiania. Après avoir été au
Cap Nord, c'eût été vraiment déraisonnable de prendre de
nouvelles fatigues. Il faut cependant reconnaître que ces
fatigues sont un peu adoucies par la bienveillance avec
laquelle les Norvégiens accueillent l'étranger. Toutefois,
cette bienveillance est toute passive. Cela tient sans doute
à la nature et au caractère de ces hommes du Nord. Ils
sont lents dans leurs mouvements, et leurs pensées n'ont
pas beaucoup plus de vivacité ; mais ils sont profondément religieux et particulièrement honnêtes. Le type de
la race est laid, mais la physionomie est souvent douce et
bonne.

Nous nous reposons un jour à Christiania et nous reprenons en hâte le chemin de fer pour Göteborg, Helsingborg et Copenhague. Un peu avant Göteborg, nous passons devant Trollhatan, où sont des chutes magnifiques
et les plus célèbres écluses du monde. Les écluses sont
au nombre de onze ; elles sont superposées les unes
au-dessus des autres. Elles permettent aux bateaux qui
naviguent sur le canal de Gothie, même aux gros bateaux
à vapeur, de franchir les chutes et les hauteurs d'où elles
tombent pour continuer leur route jusqu'à la mer par le
canal de Trollhatan.

D'Helsingborg, en traversant le Sund, on débarque à

Helsingör ou Elseneur. En entrant dans le port on voit sur la droite le fameux château fort de Kronborg.

Ce château est très beau. Il est bâti à l'une des extrémités de la ville, sur le bord de la mer et en face des côtes de la Suède, qu'on aperçoit très nettement à l'œil nu. L'emplacement a été bien choisi. De cet endroit on jouit d'un magnifique panorama sur la mer et sur la campagne.

Ce très grand château a quatre façades à peu près d'égale grandeur; il est flanqué de tours rondes ou carrées aux toits pointus, et il est entouré de trois rangs de fossés toujours remplis d'eau.

Cette demeure royale est devenue célèbre surtout depuis que Shakespeare, frappé par la beauté du site, s'est plu à y faire jouer par son légendaire Hamlet le plus émotionnant des drames que son génie a créés.

Après avoir visité rapidement le château d'Hamlet, on prend le chemin de fer et l'on arrive en deux heures à Copenhague. De Copenhague, le grand et le petit Belt passés, nous parcourons du haut en bas le Jutland et le Schlesvig avant de pouvoir nous arrêter un instant à Hambourg. Le temps de changer de train, et nous repartons tout aussitôt pour Cologne et la France.

Ce n'est pas sans un certain charme que nous avons revu les murs des fortifications de Paris, et que nous avons fait notre rentrée dans notre *home,* comme disent les Anglais.

En six semaines, nous avions fait deux mille lieues pour aller au *Cap Nord* et en revenir ; nous avions véritablement raison de désirer un peu de repos.

Nous étions heureux de rentrer, et nous jouissions d'avance du plaisir que nous aurions à savourer pendant l'hiver, au coin du feu, les souvenirs de notre voyage dans les régions polaires. On ne fait souvent les voyages que pour récolter les souvenirs qu'ils laissent. Ces souvenirs sont comme de jolis meubles qu'on case dans son esprit et dont on ouvre de temps en temps les mille et divers tiroirs. A les ouvrir souvent, on se prend à aimer les voyages. On peut dire sans se tromper que quiconque a voyagé voyagera encore, en dépit des fatigues et des dangers.

C'est probablement le sort qui nous est réservé.

Félix SANGNIER.

2 novembre 1889.

PARIS

TYPOGRAPHIE DE E. PLON, NOURRIT ET Cⁱᵉ

Rue Garancière, 8

www.ingramcontent.com/pod-product-compliance
Ingram Content Group UK Ltd.
Pitfield, Milton Keynes, MK11 3LW, UK
UKHW021146220726
13924UKWH00003B/1032